CATALOGUE

DES

TABLEAUX ANCIENS

DES

Ecoles Flamande, Hollandaise

ANGLAISE, ALLEMANDE, FRANÇAISE, ESPAGNOLE ET ITALIENNE

Formant

la Collection I. de MELLART

Et dont la Vente aura lieu

HOTEL DROUOT, SALLE N° II

LE MERCREDI 25 NOVEMBRE 1908

A 2 HEURES 1/4

Me J. ENGELMANN
COMMISSAIRE-PRISEUR
1, rue de Stockholm, 1

M. ARTHUR BLOCHE
EXPERT PRÈS LA COUR D'APPEL
52, rue de Châteaudun

Chez lesquels on trouve le présent Catalogue

EXPOSITION PUBLIQUE

Le Mardi 24 Novembre 1908, de 2 heures à 6 heures

CONDITIONS DE LA VENTE

Elle sera faite au comptant.

Les adjudicataires paieront *dix pour cent* en sus des enchères.

L'Exposition mettant le public à même de se rendre compte de l'état et de la nature des objets vendus, il ne sera admis aucune réclamation pour quelque cause que ce soit, une fois l'adjudication prononcée.

Paris. — Imp. de l'Art, Ch. Berger, 41, rue de la Victoire.

DÉSIGNATION

TABLEAUX

AUBRY (Stephen)

1 — *Le Forgeron.*

Installé devant sa maison, entouré de compagnons qui l'aident ou l'observent, un chien couché près de lui.

Toile. Haut., 63 cent.; larg., 49 cent.

AUBRY

2 — *Scène de Famille.*

Composition de huit personnages.

Bois. Haut., 24 cent.; larg.. 34 cent.

BLÈS (Henri Met de)

3 — *Saint Gérome.*

A genoux devant la grotte, s'appuyant sur la tête de mort avec le lion près de lui. En perspective, à gauche, la Ville sainte.

Forme cintrée du haut.

Bois. Haut., 43 cent.; larg., 28 cent.

BOEL (Jean-Baptiste)

4 — *Gibier mort.*

Toile. Haut., 74 cent.; larg., 62 cent.

BOILLY (Attribué à L.)

5 — *Portrait d'Homme.*

Tourné vers la gauche, en redingote noire, cravaté de blanc.

Signé : *L. Boilly.*

Toile. Haut., 62 cent.; larg., 52 cent.

BOTH (Ecole de Jean)

6 — *Paysage montagneux d'Italie.*

Bois. Haut., 24 cent.; larg., 36 cent.

BRAUWER (École d'Adrien)

7 — *La Chercheuse de poux.*

Scène d'intérieur. Composition de cinq figures.

Toile. Haut., 24 cent.; larg., 32 cent.

BREDEL (Le Chevalier)

8 — *Scène de bataille.*

Dans une mêlée furieuse, chevaux et cavaliers se heurtent.
Note délicate.

Cuivre. Haut., 19 cent.; larg., 24 cent.

BREUGHEL (École de)

9 — *Diane au bain découvrant la grossesse de Calisto.*

Au milieu d'un verdoyant paysage, les nymphes prennent leurs ébats.

Bois. Haut., 50 cent.; larg., 67 cent.

COELLO (Attribué à)

600   10 — *Portrait d'un grand Seigneur de l'époque.*

En costume de velours noir à crevés, avec collerette blanche. Représenté en pied, presque de face, la main gauche appuyée sur la garde de son épée, la main droite posée sur une chaise.
Belle facture.
Cadre en bois sculpté doré.

Toile. Haut., 2 mètres ; larg., 1 m. 8 cent.

CUYP (École d'Albert)

11 — *La Jeune Femme au tambourin.*

Debout, tout de gris habillée, avec chemisette blanche, coiffée d'une toque noire à plumes blanches.

Bois. Haut., 53 cent.; larg., 46 cent.

CUYP (Benjamin)

12 — *L'Ensevelissement.*

Composition de nombreux personnages.

Bois. Haut., 90 cent.; larg., 68 cent.

VAN DAEL (Attribué à)

13 — *Fleurs et fruits.*

Toile. Haut., 51 cent.; larg., 40 cent.

DEKKER (Corneille)

14 — *Bord de canal en Hollande.*

Des embarcations à la voile et à l'aviron, char-
gées de personnages, sillonnent le canal ou abor-
dent à gauche devant un village.

Bois. Haut., 33 cent.; larg., 46 cent.

DUSART (École de Cornélius)

15 — *Les Buveurs.*

Attablés et debout, tous cinq sont réunis le
verre en main, près d'eux un chien, dans une
salle haute et rustique.

Toile. Haut., 47 cent.; larg., 57 cent.

VAN DYCK (Attribué à)

16 — *Portrait de Jeune Gentilhomme.*

Presque de face, tourné légèrement vers la
gauche. Le visage, spirituel et fin, encadré de
longs cheveux noirs tombant sur les épaules. En
costume noir à grand col blanc.

Tableau d'une belle facture.

Toile. Haut., 52 cent.; larg., 42 cent.

VAN DYCK (Attribué à)

17 — *Madeleine en évocation.*

Le corps demi-nu, légèrement drapée, la tête tournée vers la droite.

Bois. Haut., 63 cent.; larg., 47 cent.

FYT (Attribué à Jean)

250

18 — *Volailles, gibier.*

Beau panneau décoratif.

Toile. Haut., 1 m. 22 cent.; larg., 1 m. 65 cent.

GELLIG (Jacques)

19 — *Poissons.*

Toile. Haut., 71 cent.; larg., 60 cent.

GELLIG (Jacques)

20 — *Poissons.*

Toile. Haut., 49 cent.; larg., 65 cent.

GOYA Y LUCIENTÈS (François)?

21 — *Portrait de Femme.*

> En robe bleue, avec bonnet et collerette en lingerie tuyautée et regardant presque de face.
>
> Toile. Haut., 40 cent.; larg., 32 cent.

VAN GOYEN

22 — *Les Bords du Grand Canal.*

> Animés de nombreux bateaux, avec vue d'un port et d'une ville avec monument.
> Signé.
>
> Bois. Haut., 34 cent.; larg., 53 cent.

GREUZE (D'après Jean-Baptiste)

23 — *La Bienveillance paternelle.*

> Toile. Haut., 1 m. 4 cent.; larg., 83 cent.

GRYFF (Adrien)

24 — *Chien et gibier morts.*

> Bois. Haut., 25 cent.; larg., 36 cent.

GUIDO RENI (École de)

25 — *Portrait de Femme chasseresse.*

Toile ovale. Haut., 69 cent.; larg., 57 cent.

HANT

26 — *Crabes, homard, poissons.*

Cadre en bois sculpté.

Toile ovale. Haut., 37 cent.; larg., 67 cent.

VAN DER HELST (Attribué à)

27 — *Portrait de Dame hollandaise.*

Assise dans un fauteuil rouge, habillée de velours noir, avec grande collerette et parements de manches en lingerie et dentelle blanche, regardant presque de face, tenant un petit missel à la main.

Toile. Haut., 96 cent.; larg., 75 cent.

HEEM (Attribué à David de)

28 — *Corbeille de fruits, jambon et pâté sur un plat.*

Toile. Haut., 57 cent.; larg., 85 cent.

HEEMSKERK (Egbert Van)

29 — *La Tabagie.*

Quatre fumeurs à figures avinées semblent surpris d'une scène qui attire leurs regards vers la gauche.

Toile. Haut., 33 cent.; larg., 27 cent.

HEEMSKERK (Egbert Van)

30 — *La Taverne.*

De nombreux buveurs sont groupés, assis ou debout, autour de différentes tables et se livrent à des conversations animées.

Bois. Haut., 57 cent.; larg., 80 cent.

HONDEKOETER (Melchior)

31 — *Coq, poule et autres volatiles.*

Fond de paysage, avec champignons, fleurs et feuillages.

Bois. Haut., 84 cent.; larg., 72 cent.

HONDEKOETER (École de Melchior)

32 — *Oiseaux et fruits.*

Toile. Haut., 75 cent.; larg., 63 cent.

JEAURAT (Attribué à ETIENNE)

33 — Portrait d'Homme.

Cuivre ovale. Haut., 13 cent.; larg., 9 cent.

JORDAENS (JACQUES)

34 — Joseph et Mme Putiphar.

Composition de quatre figures.
Très chaude de coloris, modelé remarquable.
Toutes les qualités de ce tableau nous autorisent
à l'attribuer au maître.

Toile. Haut., 1 m. 44 cent.; larg., 1 m. 91 cent.

JORDAENS (École de JACQUES)

35 — Les Joies maternelles.

Présentant le sein à son bambin nu et renversé
sur son bras, elle lui sourit tendrement; derrière
elle, penché sur son épaule, l'aîné contemple le
petit frère.

Toile. Haut., 83 cent.; larg., 66 cent.

JORDAENS (École de JACQUES)

36 — Silène et servante de Bacchus.

Toile. Haut., 82 cent.; larg., 72 cent.

KALF (GUILLAUME)

37 — *Intérieur rustique.*

480

A gauche, la fermière fait boire son jeune garçon à l'écuelle; à droite, deux vaches debout et couchée; partout, épars, des chaudrons, lanternes, cruchons et légumes.

Toile. Haut., 70 cent.; larg., 86 cent.

VAN KESSEL

38 — *Volatiles, poissons et phoque.*

Daté : 1657.

Toile. Haut., 28 cent.; larg., 37 cent.

VAN KESSEL

39 — *Guirlande de fruits et de feuillages.*

Toile. Haut., 41 cent.; larg., 50 cent..

LAAR (PETER VAN)

40 — *Fête champêtre.*

De nombreux personnages festoient, fument, s'amusent dans un paysage avec vues de maisons et clocher.

Toile. Haut., 70 cent.; larg., 95 cent.

LÉLY (Peter)

41 — *Capitaine-général en armure.*

400

Représenté à mi-corps, tourné vers la droite. Il tient à la main son bâton de commandement. Physionomie jeune encore et énergique, encadrée d'une longue chevelure noire tombant en boucle sur les épaules.

Toile. Haut., 1 m. 4 cent.; larg., 85 cent.

LILIENBERG

42 — *Gibier mort, fleurs et fruits.*

Toile. Haut., 5o cent.; larg., 5o cent.

LINDEN (Maurice Van Der)

43 — *Scène de Kermesse.*

Bois. Haut., 49 cent.; larg., 6o cent.

LINGELBACH (Jean)

44 — *Ville animée au bord de l'Escaut.*

270

De nombreux personnages, marchands, pêcheuses, avec des animaux sont groupés à gauche devant les premières maisons ; à droite, s'étend le fleuve, avec l'autre rive en perspective.
Signé à gauche.

Toile. Haut., 95 cent.; larg., 1 m. 32 cent.

MANNSKIRSCH

45 — *Le Cheval blanc.*

Effrayé par l'orage au milieu d'un paysage
boisé.

Signé.

Bois. Haut., 28 cent.; larg., 34 cent.

MARIESCHI (Jacques)

46 — *Arcades d'un palais à Venise.*

Animées de personnages, avec la vue du Grand
Canal en perspective.

Toile. Haut., 37 cent.; larg.,35 cent.

MARIESCHI (Jacques)

47 — *Ville au bord de la mer.*

Animée de personnages.

Toile. Haut., 47 cent.; larg., 36 cent.

MIGNON (Claude)

48 — *Bouquet de fruits et de feuillages.*

Toile. Haut., 39 cent.; larg., 33 cent.

MOLENAER (Jean)

49 — *La Fête des Rois.*

Attablés, riant, buvant, dansant, nombreux paysans et paysannes se réjouissent.

Bois. Haut., 35 cent.; larg., 31 cent.

MOLYN (Pierre)

50 — *Marine.*

Effet de tempête.
Grisaille.

Toile. Haut., 34 cent.; larg., 45 cent.

VAN DER MYN

51 — *Fruits et légumes.*

Signé à droite, en haut.

Toile. Haut., 70 cent.; larg., 87 cent.

VAN DER NEER (Attribué à)

52 — *Le Grand Canal en Hollande.*

Les rives sont animées de personnages.
Effet de lumière.

Bois. Haut., 23 cent.; larg., 32 cent.

OCHTERVELT (Attribué à)

53 — *Portrait d'Homme.*

En costume orange, avec chemisette blanche.

Toile. Haut., 5o cent. ; larg., 42 cent.

VAN OSTADE

54 — *L'École.*

Dans une salle basse, autour de leur maître, petites filles et petits garçons causent, lisent et travaillent.

Bois. Haut., 23 cent.; larg., 17 cent.

POELENBURG (Corneille Van)

55 — *Les Baigneuses.*

Elles prennent leurs ébats dans un riant paysage boisé.

Jolie facture.

Toile. Haut., 92 cent.; larg, 1 m. 14 ce t.

VAN DER POOL

56 — *Incendie d'une poudrière de Delft.*

Bois. Haut., 35 cent.; larg., 25 cent.

POT (Henri)

57 — *Le Couronnement d'épines.*

Composition de quatre personnages.
Signé du monogramme.

Toile. Haut., 85 cent. ; larg., 74 cent.

POURBUS (Attribué à)

58 — *Portrait de Dame de qualité.*

En robe noire, avec chemisette à grand col
blanc, parée d'une chaine d'or, la tête enveloppée
d'une coiffe de velours.

Toile. Haut., 52 cent.; larg., 39 cent.

RICCI (Sébastien)

59 — *Tête de Job.*

Toile. Haut., 41 cent.; larg., 31 cent.

RUBENS (École de Pierre-Paul)

60 — *Femme en extase.*

Toile. Haut., 45 cent.; larg., 35 cent.

SAVRY

61 — *Paysage montagneux et boisé.*

Toile. Haut., 53 cent.; larg., 64 cent.

SCHOVAERDTS (Mathieu)

62 — *La Ferme.*

63 — *La Route de village.*

Deux tableaux dans la note blonde, animés de voitures, de personnages et d'animaux.

Bois. Haut., 36 cent.; larg., 42 cent.

SNEYERS (Peter)

64 — *Scène de bataille.*

Dans un paysage boisé et accidenté.

Bois. Haut., 34 cent. ; larg., 63 cent.

SNYDERS (Attribué à François)

65 — *Raisins, pommes, poires, grenades.*

Dessus de porte.
Cadre bois sculpté.

Toile. Haut., 86 cent.; larg., 1 m. 36 cent

VAN THULDEN (Attribué à)

66 — *Une Station de la croix.*
Composition de nombreuses figures.

Bois. Haut., 44 cent.; larg., 64 cent.

TIEPOLO (Attribué à Jean-Baptiste)

67 — *Alexandre au milieu de son armée.*

Monté sur son cheval favori Bucéphale, il suit du regard une indication d'un de ses lieutenants. Cadre en bois sculpté et doré.

Toile. Haut., 95 cent.; larg., 69 cent.

TORENVLIET (Abraham)

68 — *Portrait d'Alchimiste.*

La tête tournée vers la droite, coiffé d'une toque noire.

Toile. Haut., 32 cent.; larg., 28 cent.

TYSSENS (Pierre)

69 — *La Tentation de saint Antoine.*

Composition de cinq figures.
Signé.

Bois. Haut., 41 cent.; larg., 51 cent.

VAN DE VELDE (École de)

70 — *Marine.*

Toile. Haut., 24 cent.; larg., 34 cent.

VERENDAEL

71 — *Bouquet de fleurs.*

Bois. Haut., 19 cent.; larg., 18 cent.

VERSPRONCK (Jean)

72 — *Portrait de Jeune Seigneur.*

Il regarde presque de face, le visage énergique monté en couleur, fine moustache et barbiche blondes. Habillé de velours noir, épinglé et ciselé, avec collerette blanche tuyautée.

Bois. Haut., 5o cent.; larg., 42 cent.

WOUWERMAN (D'après Philippe)

73 — *Le Départ pour la chasse.*

Importante composition de cavaliers, piqueurs, paysans.

Toile. Haut., 8o cent.; larg., 1 mètre.

WYNANTS (École de)

74 — *Route en forêt.*

Animée de personnages et d'animaux, avec perspective très claire.

Bois. Haut., 41 cent.; larg., 38 cent.

ÉCOLE ALLEMANDE

75 — *Portrait d'un Docteur.*

Représenté de face, habillé de noir, tenant un livre à la main.

Bois. Haut., 22 cent.; larg., 18 cent.

ÉCOLE ALLEMANDE

76 — *Portrait d'Homme*.

En costume du xv⁰ siècle.
Cadre en bois sculpté.

Bois. Haut., 28 cent.; larg., 19 cent.

ÉCOLE ALLEMANDE (xviiiᵉ siècle)

77 — *Tête de Femme en extase*.

Bois. Haut., 40 cent.; larg., 31 cent.

ÉCOLE ANCIENNE

78 — *Scène de l'Histoire romaine*.

Jeune femme offrant son sein à son père enchaîné.

Toile. Haut., 96 cent.; larg., 76 cent.

ÉCOLE ANCIENNE

79 — *La Sainte Famille*.

Bois. Haut., 71 cent.; larg., 53 cent.

ÉCOLE ANGLAISE

8o — *Portrait de Femme.*

En robe blanche avec ceinture de soie bleue, chevelure frisée avec ruban, regardant de face. Peinture ovale sur carton.

Haut., 29 cent.; larg., 20 cent.

ÉCOLE ANGLAISE

81 — *Portrait de Jeune Lady.*

En robe blanche, coiffée d'un grand chapeau. Cadre Louis XVI en bois sculpté et doré.

Toile. Haut., 72 cent. ; larg., 57 cent.

ÉCOLE ANGLAISE

82 — *Jeunes Femmes regardant une étoffe.*

Toile. Haut., 61 cent.; larg , 46 cent.

ÉCOLE ANGLAISE

83 — *Paysans et paysannes sous bois.*

Cadre en bois sculpté.

Toile. Haut., 49 cent.; larg., 37 cent.

ÉCOLE ESPAGNOLE

84 — *Le Christ assisté des anges.*

Grisaille. Esquisse.

Cuivre. Haut., 3o cent.; larg., 23 cent.

ÉCOLE ESPAGNOLE

85 — *Tête du Christ.*

Bois. Haut., 34 cent.; larg., 3r cent.

ÉCOLE FLAMANDE

86 — *Combat de cavaliers.*

Mêlée pleine d'action.

Bois. Haut., 36 cent.; larg., 45 cent.

ÉCOLE FLAMANDE

87 — *Paysage ; effet d'hiver.*

Animé de quelques figures.

Toile. Haut., 56 cent.; larg., 78 cent.

ÉCOLE FLAMANDE

88 — *Vaches au pâturage.*

Bois. Haut., 3o cent.; larg., 35 cent.

ÉCOLE FLAMANDE

89 — *Paysage avec figures.*

> Bois. Haut., 39 cent.; larg., 54 cent.

ÉCOLE FLAMANDE

90 — *Fruits, oiseaux et singe.*

> Bois. Haut., 47 cent.; larg., 62 cen..

ÉCOLE FLAMANDE

91 -· *Intérieur de forêts.*

> Toile. Haut., 69 cent.; larg., 51 cent.

ÉCOLE FRANÇAISE

92 — *Portrait d'un Soldat de la fin du* xviiie *siècle et d'une Petite Fille.*

Il s'appuie sur son sabre et l'enfant bat du tambour.

> Toile. Haut., 69 cent.; larg., 52 cent.

ÉCOLE FRANÇAISE

93 — *La Surprise.*

> Bois. Haut., 13 cent.; larg., 14 cent.

ÉCOLE FRANÇAISE (XVIIe siècle)

94 — *Portrait d'un Magistrat.*

>> Toile. Haut., 74 cent.; larg., 63 cent.

ÉCOLE FRANÇAISE (XVIIIe siècle)

95 — *Le Suicide.*

>> Gouache.

>> Haut., 14 cent.; larg., 10 cent.

ÉCOLE FRANÇAISE (XVIIIe siècle)

96 — *L'Enfant prodigue.*

>> Peinture sur papier marouflé.
>> Cadre en bois sculpté.

>> Haut., 20 cent.; larg., 12 cent.

ÉCOLE HOLLANDAISE

97 — *Portrait de Femme.*

>> Tournée vers la droite, toute de noir habillée, avec chemisette blanche.
>> Cadre en bois sculpté.

>> Toile. Haut., 58 cent.; larg., 49 cent.

ÉCOLE HOLLANDAISE

98 — *Portrait d'Homme.*

>> En costume noir, à collerette blanche tuyautée.

>> Bois. Haut., 54 cent.; larg., 41 cent.

ÉCOLE HOLLANDAISE

99-100 — *Fleurs et fruits.*

Deux pendants.

Toile. Haut., 5o cent. ; larg., 54 cent.

ÉCOLE HOLLANDAISE

101 — *Environs d'une ville forte.*

Effet de neige, animé de figures.

Toile. Haut., 6r cent.; larg., 1 mètre.

ÉCOLE ITALIENNE

102 — *La Cène.*

Cadre en bois sculpté.

Toile. Haut., 44 cent.; larg., 57 cent.

ÉCOLE VÉNITIENNE

1o3 — *Portrait d'un Doge.*

Regardant presque de face, le visage légèrement
souriant, tout de rouge habillé.
Cadre en bois sculpté et doré.

Toile. Haut., 6r cent.; larg., 5a cent.

ÉCOLE VÉNITIENNE

104 — *Portrait de Gentilhomme.*

Regardant vers la gauche, en costume noir, à collerette blanche.

Toile. Haut., 45 cent.; larg., 34 cent.

ÉCOLE DU XVIIe SIÈCLE

105 — *Portrait de Dame de qualité.*

En robe blanche décolletée, longs cheveux noirs tombant en boucles sur ses épaules, avec nœuds de rubans roses de chaque côté. Parée d'un collier de perles.

Bois. Haut., 59 cent.; larg., 48 cent.

ÉCOLE DU XVIIIe SIÈCLE

106 — *Saint Jean-Baptiste.*

Le corps nu, la tête légèrement inclinée, portant son chevreau sur son bras.

Belle facture.

Cadre en bois sculpté et doré.

Toile. Haut., 90 cent.; larg., 72 cent.

107 — *Tableaux non catalogués.*

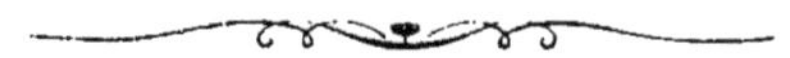

www.ingramcontent.com/pod-product-compliance
Ingram Content Group UK Ltd.
Pitfield, Milton Keynes, MK11 3LW, UK
UKHW022329170726
13837UKWH00005BA/2188